Die österreichische

MOHNKÜCHE

Inge Krenn

Ein herzliches Dankeschön für die Unterstützung und Mitarbeit an diesem Buch geht an meine Mutter, **Emma Röhrbacher**, und an die Frauen des Ortes Spital bei Weitra im Waldviertel, die mir so zahlreich ihre Rezepte zur Verfügung stellten: **Theresia Bauer**, **Elisabeth Binder**, **Maria Fürst**, **Maria Göll**, **Andrea Röhrbacher**, **Brigitta Röhrbacher** und **Maria Schmidt**. Weiters danke ich herzlichst **Susanne Pichler**.

Titel: Krenn, Inge – Die österreichische Mohnküche
Traditionelle und neue Köstlichkeiten

Gußhausstraße 18, A-1040 Wien
Tel. 01/585 34 72, Fax 01/585 04 83
E-mail: hwk@buchagentur.at
www.hubertkrenn.at

Fotos: Sonja Priller
Grafik, Umschlaggestaltung und Satz: Peter Furian – www.furian.at
Lektorat und Herstellung: Hubert Krenn VerlagsgesmbH
Druck und Bindung: Druckerei Theiss GmbH, A-9431 St. Stefan

ISBN 978-3-902351-32-6

Traditionelle und neue Köstlichkeiten

Die österreichische MOHNKÜCHE

Inge Krenn

KRENN

Inhalt

Kuchen
Schnitten
Rouladen

Torten

Kekse
Kugeln
Stangerln

Mohn – Zauber und unvergleichlicher Genuss

Mohn (Papaver) war schon in der Antike als Fruchtbarkeitssymbol bekannt und wurde in der Vorstellung der Menschen mit geheimnisvollen Kräften ausgestattet. Über 100 Arten umfasst die Gattung des Papaver, der kultivierten Form unzähliger wild wachsender Mohngewächse. Mohnpflanzen sind beinahe auf der ganzen Welt und in allen Variationen und Farben zu finden. Denken wir beispielsweise an das Orange des kalifornischen, oder an das Gelb des mexikanischen Mohns. Weit verbreitet ist der Klatschmohn, auch Feuer-Mohn genannt, der mit seinen scharlachroten, bis zehn cm großen Blüten auf Äckern und Ödland wächst.

Im Mittelalter wurde der Mohn in den Klöstergärten kultiviert. Er diente auf der einen Seite zur Gewinnung von Heil- und Betäubungsmitteln, auf der anderen Seite wurde das hochwertige Mohnöl hergestellt, das man auch für kirchliche Zwecke benötigte. Das „Ewige Licht" wurde mit Mohnöl gespeist.

Gebiete, die im Hochmittelalter systematisch besiedelt wurden, zog man in erster Linie zum Mohnanbau heran, so auch das Waldviertel.

In der Küche Verwendung finden allerdings nur die Samen des *Papaver Somniferum*, des Schlafmohns, auch Ölmohn genannt. Zur Gattung des Schlafmohns gehören der weiße, der blaue und der graue Mohn. Der weiße Mohn benötigt besonders guten Boden und wird in Österreich kaum angebaut. Er zeichnet sich durch einen zart nussigen Geschmack aus. Auch der blaue Mohn ist in unseren Breiten seltener zu finden. Er ist im Geschmack intensiver und schärfer und wird vorwiegend zum Bestreuen von Gebäck verwendet. Die weiteste Verbreitung findet der graue Mohn, auch „Zwettler Mohn" genannt, der keine besonders hohen Ansprüche an die Bodenbeschaffenheit stellt.

Im Frühjahr beginnt die Aussaat, oft noch mit der Hand. Als Lostag für den Mohnanbau gilt der 17. März, das Fest der heiligen Gertrud. Eine alte Volksweisheit sagt: „Wenn er auf den Schnee gesät wird, wird der Mohn wunderbar". Nach einiger Zeit folgt das erste Jäten. Die Pflanzen müssen vereinzelt werden und die Pflanzenreihen werden mit Erde angeackert, damit sie wind- und frostgeschützt sind.

Bis zu 1,5 m hoch können die Stauden werden, die hellen, rotviolett gefleckten Blütenblätter verwelken schon nach einem Tag. Weil ein einziger Stamm oft bis zu 10 Blütenkronen hat, hält die Farbenpracht blühender Mohnfelder bis zu einer Woche an.

In den kugeligen, eiförmigen Kapselfrüchten befinden sich die Samen, die in erster Linie Verwendung finden.

Der Waldviertler Graumohn ist ein so genannter „sehender Mohn" oder Schüttmohn. Unterhalb der Narbe der Kapsel befinden sich kleine Löcher, durch die der Samen herausgeschüttelt wird.

Die unversehrten Samenkapseln erfreuen sich bei Gärtnern, Floristen und Dekorateuren größter Beliebtheit.

Der Samen des Waldviertler Graumohns ist mild, zum Backen und für Desserts am besten geeignet. Das aus dem Samen gepresste Mohnöl enthält einen hohen Anteil an Vitamin E und an ungesättigten Fettsäuren. Als „Olivenöl des Nordens" findet es vermehrt Anwendung in den heimischen Restaurantküchen.

Nudeln · Knödel · Zelten

Nudelauflauf

120 g Bandnudeln
1/2 l Milch
50 g Butter
4 Eidotter
100 g Staubzucker
1 Pkg. Vanillezucker
4 Eiklar

100 g gemahlener Mohn
30 g Zucker
etwas Zimt
60 g Rosinen
etwas Butter für die Form

Nudeln in kochender Milch weich kochen und ausdünsten lassen.

Butter, Eidotter, Staubzucker und Vanillezucker schaumig rühren und zu den Nudeln geben.

Eiklar zu Schnee schlagen und in die Masse einheben.

Die halbe Masse in eine gebutterte Auflaufform geben.

Mohn, Zucker und Zimt gut vermischen, mit den Rosinen auf der Nudelmasse verteilen und mit Butter beträufeln.

Mit der restlichen Nudelmasse bedecken und ca. 40 Minuten bei mittlerer Hitze backen.

Heiß servieren.

Tipp:

Bestreuen Sie den Nudelauflauf vor dem Servieren ganz leicht mit Zimtzucker.

Weitraer Mohnnudeln

Mehl mit so viel kochendem Salzwasser vermischen, dass ein geschmeidiger Teig entsteht und diesen noch heiß auf dem Brett rasch verkneten.

Kleine, daumenlange Nudeln rollen und in eine Schüssel geben.

Mit gemahlenem Mohn bestreuen und mit einem Gemisch aus zerlassener Butter, Honig und Rum heiß servieren.

beliebige Menge Roggenmehl

Salz

Wasser nach Bedarf

gemahlener Mohn

Butter

Honig

Rum

Mohnnudeln

aus Kartoffelteig

Kartoffeln kochen, schälen und passieren.

Salz, Mehl, Eier und Butter dazugeben und rasch zu einem Teig verarbeiten. Daraus fingerdicke Rollen formen und in 3 cm lange Stücke schneiden.

Diese zu Nudeln formen, in Salzwasser kochen, abseihen, abschrecken und mit zerlassener Butter, gemahlenem Mohn und Zucker vermischen.

1 kg mehlige Kartoffeln

etwas Salz

300 g Mehl

1–2 Eier

30 g Butter

100 g gemahlener Mohn

etwas Zucker

zerlassene Butter

Mohnnudeln

2 große Kartoffeln
12 EL glattes Mehl
etwas Salz

Butter
Zucker
etwas Rum
schwarzer Kaffee
Honig
gemahlener Mohn

Geschälte und geviertelte Kartoffeln in ca. 1/2 l Wasser halbweich kochen. Mehl und Salz darüber geben und mit einem Kochlöffelstiel Löcher machen, damit Wasser einsickern kann.

Ca. 20 Minuten dünsten, das Wasser abseihen und den Teig am Nudelbrett gut durchkneten.

Nudeln formen und in zerlassener Butter schwenken. Zucker in etwas Wasser aufkochen. Rum, schwarzen Kaffee und etwas Honig dazugeben und über die Nudeln gießen. Fein gemahlenen Mohn darüber streuen.

Mohnnudeln

Bandnudeln

300 g Bandnudeln

80 g Butter
80 g gemahlener Mohn
80 g Zucker

Bandnudeln in Salzwasser kochen und abseihen.

Anschließend in Butter schwenken und mit gemahlenem Mohn bestreuen.

Nach Belieben überzuckern.

Germknödel

mit Powidlfüllung

400 g Mehl
20 g Hefe
ca. 1/8 l Milch
40 g Zucker
40 g Butter
2 Eidotter
etwas Salz

200 g Powidl
100 g gemahlener Mohn
zerlassene Butter
etwas Zucker

Hefe in lauwarmer Milch auflösen, mit etwas Mehl verrühren, Mehl darüber streuen und zugedeckt an einem warmen Ort gehen lassen (Dampfl).

Aus Butter, Zucker, Eidotter und Salz einen Abtrieb rühren und mit dem Dampfl und dem restlichen Mehl zu einem glatten, festen Teig verkneten.

Aus dem Hefeteig gleich große Stücke ausstechen, mit Powidl füllen und Knödel formen.

Zugedeckt auf einem Brett gehen lassen.

Die Knödel in siedendes Salzwasser mit der Oberseite nach unten einlegen.

Zugedeckt 4 Minuten kochen lassen, umdrehen und 3 Minuten offen fertig kochen.

Nach dem Herausheben mit zwei Gabeln leicht einreißen, mit zerlassener Butter übergießen und mit Mohn und Zucker bestreuen.

Wissenswertes:

Germknödel können auch auf einem Sieb im Dampf gegart werden. Dabei braucht man die Knödel nicht wenden.

Mohnknödel

mit Hollerkoch

Kartoffeln kochen und passieren. Noch warm mit den übrigen Zutaten verkneten und zu einer Rolle formen.

Für die Fülle den gemahlenen Mohn in Butter leicht anrösten, heiße Milch zufügen, aufkochen, quellen lassen, würzen und überkühlen.

Teig in Stücke teilen, mit Fülle belegen und Knödel formen.

In kochendem Salzwasser 10–15 Minuten ziehen lassen.

Für das Hollerkoch Zwetschken halbieren und entkernen.

Abgerebelte Holunderbeeren und Zwetschken weich kochen und mit Zucker und Zimt abschmecken.

Die Mohnknödel auf einem Teller mit dem heißen Hollerkoch anrichten.

1 kg Kartoffeln

300 g Mehl

1 Ei

etwas Salz

Fülle:

300 g gemahlener Mohn

150 g Zucker

50 g Butter

etwas Zimt

etwas Milch

Hollerkoch:

1 kg schwarze Holunderbeeren

15 Zwetschken

200 g Zucker

etwas Zimt

Topfenknödel
im Mohnkleid

2 Eier
2 EL Öl
500 g Topfen
2 EL Brösel
2 EL Grieß
1 Prise Salz

40 g zerlassene Butter
150 g gemahlener Mohn
150 g Staubzucker

Die Eier mit dem Öl schaumig rühren.

Topfen, Grieß und Brösel dazugeben und den Teig leicht salzen.

Eine Stunde im Kühlschrank rasten lassen.

Knödel formen und in kochendem Salzwasser ca. 15–20 Minuten ziehen lassen. Wenn die Knödel an die Oberfläche kommen, sind sie fertig.

Knödel in zerlassener Butter schwenken, im Mohn wälzen und mit Staubzucker bestreuen.

Der gute Tipp:

Besonders gut schmecken die Topfenknödel mit frischem Kompott oder Fruchtmark. Für das Fruchtmark gleiche Teile Früchte und Zucker kalt pürieren.

Waldviertler Mohnzelten

mit Apfelmus

1 kg rohe Kartoffeln

1/4 kg gekochte Kartoffeln

etwas Salz

Fülle:

200 g gemahlener Mohn

100 g Zucker

150 g Butter

Apfelmus:

600 g Äpfel

Zitronensaft

100 g Zucker

1 Pkg. Vanillezucker

Rohe Kartoffeln schälen, fein reiben und durch ein Tuch auspressen.

Gekochte Kartoffeln schälen und passieren, beides vermengen und salzen.

Für die Fülle Mohn, Zucker und zerlassene Butter vermischen.

Teig in Stücke teilen, etwas auseinander drücken, mit der Fülle belegen, gut verschließen, Knödel formen und anschließend breit drücken.

In einer Pfanne etwas Butter oder Fett zergehen lassen und bei 200 °C im Rohr beidseitig hellbraun braten.

Für das Apfelmus die Äpfel schälen, entkernen, mit Zitronensaft beträufeln und mit Zucker und Vanillezucker unter Beigabe von etwas Wasser weich dünsten.

Durch ein Sieb streichen und mit den heißen Mohnzelten servieren.

Gebackene Mohnzelten

aus Topfenteig

Die Kartoffeln kochen, passieren und mit den restlichen Zutaten zu einem Teig verarbeiten.

Für die Fülle alle Zutaten vermischen und mit so viel heißer Milch, dass eine feste cremeartige Masse entsteht, vermischen und kurz aufkochen.

Den Teig in Stücke schneiden, mit Mohnfülle belegen, Knödel formen, flach drücken und mit Ei bestreichen.

Auf einem befetteten oder mit Backpapier belegten Blech bei 200 °C ca. 15 Minuten backen, bis sie auf beiden Seiten goldgelb sind.

500 g Topfen

500 g Mehl

170 g Butter

300 g Kartoffeln

etwas Salz

2 Eier

Fülle:

300 g gemahlener Mohn

5 EL Staubzucker
oder Honig

etwas Rum

etwas Zimt

heiße Milch nach Bedarf

Gebackene Mohnzelten

300 g Kartoffeln
300 g Butter
500 g glattes Mehl
2 Eier
2 EL Schlagobers
etwas Salz
1 TL Backpulver

Fülle:
100 g Butter
200 g gemahlener Mohn
200 g Zucker
1 Pkg. Vanillezucker
etwas Zimt
Rum

Die Kartoffeln kochen und passieren.

Die Zutaten für die Fülle der Reihe nach mit der zerlassenen Butter vermischen.

Aus den Kartoffeln und den restlichen Zutaten einen Teig kneten, eine Rolle formen, in Stücke schneiden, auseinanderdrücken, Fülle daraufgeben und zu Knödeln formen.

Flach drücken und mit der Verschlussseite nach unten auf ein befettetes oder mit Backpapier ausgelegtes Backblech legen.

Im vorgeheizten Rohr bei 200 °C beidseitig jeweils 15 Minuten backen.

Mohn-Nesterln

aus Kartoffelteig

1 kg Kartoffeln
300 g Mehl
Salz
1–2 Eier
30 g Butter

Fülle:
200 g Mohn
200 g geraspelte Äpfel
etwas Zucker
etwas Zimt

Überguss:
1/4 l heiße Milch
etwas Honig
Zucker und Vanillezucker

Kartoffeln kochen, schälen, passieren und salzen.

Mehl, Ei und Butter dazugeben und rasch zu einem Teig verarbeiten.

Für die Fülle alle Zutaten vermischen.

Den Teig ausrollen, die Mohnfülle darauf verteilen, wie einen Strudel einrollen und in Stückchen schneiden.

In eine bebutterte Auflaufform setzen (Schnittfläche unten) und ca. 30 Minuten bei 180 °C backen.

Für den Überguss Milch, Honig, Zucker und Vanillezucker erwärmen und über die Mohnnesterln gießen.
Nochmals ins Rohr geben und ca. 15 Minuten überbacken.

Noch heiß servieren.

Mohnnüsse

aus Hefeteig

Aus den Zutaten einen Hefeteig zubereiten (siehe Seite 14), warm stellen und gehen lassen.

Mit einem Löffel walnussgroße Kugeln ausstechen und in heißem Fett schwimmend herausbacken.

Gemahlenen Mohn mit Zucker und heißer Butter vermischen und die Nüsse darin wälzen.

500 g Mehl
3 Eidotter
40 g Hefe
20 g Butter
40 g Zucker
1 EL Rum
Zitronenschale
eine Prise Salz
Milch

150 g gemahlener Mohn
etwas Butter
Zucker

Wissenswertes:

Mohn hat einen hohen Fettanteil und wird daher leicht ranzig. Kaufen Sie deshalb Mohn immer ungemahlen, oder lassen Sie ihn frisch mahlen.

Gemahlener Mohn hält sich am besten, wenn man ihn tiefkühlt.

Mohnnockerln

aus Kartoffelteig

500 g Kartoffeln
80 g Mehl
50 g Butter
etwas Salz

150 g gemahlener Mohn
Staubzucker
Butter

Geschälte und geviertelte Kartoffeln in Salzwasser fast weich kochen.

Wasser abgießen, Mehl daraufstreuen, Butter zugeben und zugedeckt stehen lassen, anschließend zu einem Nockerlteig verrühren.

Mit einem nassen Löffel Nockerln ausstechen und in einer Pfanne mit heißem Fett herausbacken.

In gemahlenem Mohn wälzen, mit Staubzucker bestreuen und mit heißer Butter übergießen.

Der gute Tipp:

Dazu schmeckt vorzüglich Apfel- oder Zwetschkenkompott.

Mohnpfandl

aus dem Waldviertel

200 g Weizenmehl
20 g Hefe, 1 Eidotter
2 cl Mohnöl
3 cl Vollmilch
5 cl Wasser
40 g Staubzucker
etwas Salz
100 g Selchfleisch
50 g Schafskäse
Schnittlauch

Masse:
70 g gemahlener Mohn
70 g würfelig geschnittene Zwiebel
50 g geselchtes Bauchfleisch
70 g gekochte Kartoffeln
50 g Topfen
30 g klein gehackte Grammeln
1/8 l Sauerrahm
Salz, Öl
Majoran, Knoblauch

Aus Mehl, Hefe, Eidotter, Mohnöl, Milch, Wasser, Staubzucker und Salz einen mittelfesten Teig bereiten, daraus eine Kugel formen, mit Öl bestreichen und rasten lassen.

Würfelig geschnittenes Bauchfleisch in Öl anschwitzen, Zwiebeln beigeben und rösten. Überkühlen lassen und mit Mohn, Topfen, Sauerrahm, würfelig geschnittenen Kartoffeln und Grammeln vermischen.

Mit Salz, Knoblauch, Majoran und Schnittlauch abschmecken.

Den Teig rund ausrollen und damit eine leicht mit Öl befettete Pfanne auslegen.

Mohnmasse darauf streichen und mit Selchfleisch und Schafskäse belegen.

Bei 180 °C ca. 35–40 Minuten backen.

Mit Schnittlauch bestreuen und in der Pfanne servieren.

Strudel · Buchteln
Golatschen

Mohnstrudel
aus Mürbteig

250 g Mehl
1/2 Pkg. Backpulver
60 g Staubzucker
1 Pkg. Vanillezucker
120 g Butter
1 Ei
1 Prise Salz

Fülle:
160 g gemahlener Mohn
150 g Zucker
1 Pkg. Vanillezucker
30 g Butter
20 g Semmelbrösel
60 g Rosinen
2 EL Rum, etwas Zimt
3/16 l Milch
1 EL Honig

Alle Zutaten zu einem glatten Teig verarbeiten und 30 Minuten an einem kühlen Ort rasten lassen.

Für die Fülle Milch, Zucker und Honig aufkochen. Restliche Zutaten beimengen und gut verrühren.

Anschließend die Fülle gut auskühlen lassen.

Teig ausrollen, mit Fülle bestreichen, zusammenschlagen und auf ein gut befettetes oder mit Backpapier belegtes Backblech geben.

Mit versprudeltem Ei bestreichen und bei 175 °C ca. 45–50 Minuten backen.

Der gute Tipp:

Für die Dekoration mit dem Teigrad 1 cm breite Streifen schneiden und diese gitterförmig über den Strudel legen.

Mohnstrudel
aus dem Zayatal

Hefe mit Zucker in lauwarmer Milch auflösen, 10 Minuten stehen lassen, dann zum Mehl gießen.

Kartoffeln, Zucker und Salz beigeben und mit Milch nach Bedarf zu einem mittelfesten Teig verarbeiten.

Zugedeckt 30 Minuten gehen lassen.

Den Teig ausrollen, mit zerlassener Butter beträufeln und gemahlenen Mohn, mit Zucker und Rosinen vermischt, aufstreichen.

Zusammenrollen, auf einem befetteten oder mit Backpapier belegten Backblech nochmals gehen lassen und dann bei 180 °C ca. 45 Minuten backen.

20 g Hefe

1 TL Zucker

5 EL lauwarme Milch

500 g Mehl

250 g gekochte, passierte Kartoffeln

2 EL Zucker

etwas Salz

2 EL Fett

Fülle:

300 g gemahlener Mohn

60 g Zucker

60 g Rosinen

2 EL zerlassene Butter

Der gute Tipp:

Besonders gut schmeckt die Fülle auch, wenn man 1–2 geschälte, geriebene Äpfel und etwas Zimt beimengt.

Mohnstrudel

aus Hefeteig

150 g Butter
1/4 l Milch
1 Pkg. Hefe
60 g Zucker
2 Eidotter
600 g Mehl
etwas Salz
Zitronenschale
1 Ei zum Bestreichen

Fülle:
3/16 l Wasser
50 g Butter
150 g Honig oder Zucker
60 g Powidl
etwas Zimt
60 g Brösel
300 g gemahlener Mohn
150 g Rosinen
etwas Rum

Zerlassene Butter mit lauwarmer Milch vermengen und mit den übrigen Zutaten zu einem mittelfesten Hefeteig verarbeiten.

Teig an einem warmen Ort gehen lassen.

Für die Fülle Wasser, Butter, Honig, Zimt und Powidl erhitzen. Brösel zugeben, kurz aufquellen lassen und vom Herd nehmen.

Mohn und Rosinen einrühren, überkühlen lassen und mit Rum abschmecken.

Den Teig in drei Teile teilen, ausrollen, mit Fülle bestreichen und einrollen.

Mit Ei bestreichen und auf einem befetteten oder mit Backpapier ausgelegten Backblech bei 170 °C ca. 40 Minuten backen.

Mohnstrudel

aus kaltem Hefeteig

20 g Hefe
1/2 Tasse Milch
2 Eidotter
500 g griffiges Mehl
200 g Butter
100 g Zucker
1 Ei zum Bestreichen

Fülle:
300 g gemahlener Mohn
1/4 l Milch
100 g Zucker
60 g Fett
1 EL Marmelade
1 EL Rum
1 EL Honig
Rosinen

Hefe in kalter Milch auflösen, Eidotter dazurühren, mit Mehl, zerlassener Butter und Zucker gut vermischen und zu einem Teig verarbeiten.

1/2 Stunde rasten lassen.

Zutaten für die Fülle zu einer streichfähigen Masse verrühren.

Teig ausrollen, mit Fülle bestreichen und Strudel einrollen.

Auf ein befettetes Backblech geben und mit Ei bestreichen.

Bei 180 °C ca. 1 Stunde backen.

Gekochter Mohnstrudel

Zutaten „Ausgezogener Mohnstrudel", Seite 33

Ausgezogenen Strudelteig mit Mohnfülle bestreichen und einrollen.

Den Strudel in Stücke schneiden und in gesalzenem Wasser kochen.

Ausgezogener Mohnstrudel

250 g glattes Mehl
1 Ei
1 EL Öl
Salz
Wasser
40 g Butter
1/8 l kochende Milch
Vanillezucker
Zucker zum Bestreuen

Fülle:
250 g gemahlener Mohn
40 g Zucker
1 EL Rum
80 g Brösel
etwas Zimt
1/4 l Milch
3 Eidotter
60 g Zucker
40 g Rosinen
4 Eiklar
40 g Zucker

Aus Mehl, Ei, Öl, Salz und lauwarmem Wasser einen Strudelteig bereiten und rasten lassen.

Für die Fülle gemahlenen Mohn mit Zucker, Rum, Bröseln und Zimt vermischen, mit 1/4 l Milch aufkochen, dann auskühlen lassen.

Eidotter mit 60 g Zucker schaumig rühren. Nach und nach die Mohnmischung und die Rosinen beigeben.

Eiklar mit 40 g Zucker zu steifem Schnee schlagen und unter die Masse heben.

Den ausgezogenen Strudelteig mit zerlassener Butter beträufeln, die Fülle aufstreichen, zusammenrollen, in backpfannenlange Stücke abtrennen, Ränder zusammendrücken.

In eine gut befettete Backpfanne nebeneinander legen. Mit zerlassener Butter beträufeln und im heißen Rohr ca. 25 Minuten bei 200 °C backen.

Zuletzt die Oberfläche mit 1/8 l kochend heißer, mit Vanillezucker gesüßter Milch übergießen.

15–20 Minuten langsam backen und überzuckern.

Mohnstrudel
aus Kartoffelteig

400 g Kartoffeln
400 g Mehl
180 g Zucker
180 g Butter
1 Ei
1 Eidotter
etwas Salz
1 Pkg. Backpulver

Fülle:
1/4 l Milch
2 EL Honig
150 g Zucker
350 g gemahlener Mohn
50 g Powidl
Vanillezucker
Zimt
Rum

Kartoffeln kochen und passieren, dann mit Mehl, Backpulver, Zucker, Butter, Eiern und Salz rasch zu einem Teig verkneten.

Für die Fülle Milch und Zucker aufkochen, anschließend den gemahlenen Mohn einrühren und die restlichen Zutaten untermengen.

Teig dünn ausrollen, mit Fülle bestreichen, einrollen, mit Eidotter bestreichen und einige Male einstechen.

Auf einem befetteten Backblech bei 180 °C ca. 45 Minuten backen.

Wissenswertes:

In manchen Familien im Waldviertel ist der Mohnstrudel ein Teil des traditionellen Weihnachtsessens am Heiligen Abend.

Zwetschken-Mohn-Strudel

Fertig-Strudelteig
80 g Butter
600 g Zwetschken
100 g Zucker
etwas Zimt

Fülle:
1/8 l Milch
50 g Zucker
1 EL Honig
Schale von 1/2 Zitrone
etwas Zimt
2 Pkg. Vanillezucker
200 g gemahlener Mohn
etwas Salz
2 EL Rum

Strudelteig aufrollen und mit zerlassener Butter beträufeln.

Für die Fülle Milch mit Zucker, Honig, Zitronenschale, Zimt, Vanillezucker und Salz aufkochen, Mohn und Rum unterrühren und auskühlen lassen.

Mohnfülle auftragen, mit den halbierten und entkernten Zwetschken belegen, mit Zucker und Zimt bestreuen und eng einrollen.

Auf ein gut befettetes oder mit Backpapier ausgelegtes Backblech legen und mit der restlichen Butter bestreichen.

Im vorgeheizten Rohr bei 200 °C ca. 30 Minuten backen.

Zum Servieren mit Staubzucker und etwas Zimt bestreuen.

Mohnbuchteln

20 g Hefe
1/4 l Milch
50 g Butter
50 g Zucker
2 Eidotter
400 g Mehl
etwas Salz

Fülle:
200 g gemahlener Mohn
150 g Zucker
1 Pkg. Vanillezucker
30 g Butter
2 EL Rum
etwas Zimt
3/16 l Milch
1 EL Honig

Hefe und etwas Zucker in lauwarmer Milch auflösen.

Butter, Zucker, Eidotter verrühren, mit Hefe-Milch-Zuckermischung und dem Mehl zu einem mittelfesten Teig verarbeiten und an einem warmen Ort gehen lassen.

Für die Fülle Mohn, Zucker, Vanillezucker, Butter, Rum, Zimt, Honig und Milch vermischen und aufkochen.

Teig ausrollen, in Vierecke schneiden, mit Mohnfülle füllen und Buchteln formen.

In einer Backpfanne Butter zerlassen, die Buchteln darin wälzen und eng aneinander schlichten.

Nochmals gehen lassen und bei 190 °C ca. 30–40 Minuten backen.

Der gute Tipp:

Zum Servieren mit Staubzucker bestreuen und Vanillesauce dazu reichen.

Apfel-Mohn-Strudel

Fertig-Strudelteig
zerlassene Butter zum Beträufeln

100 g Toastbrot (ohne Rinde)
0,2 l Milch
2 Äpfel
Saft und Schale von 1/2 Zitrone
140 g Butter
80 g Staubzucker
etwas Salz
etwas Zimt
7 Eidotter
7 Eiklar
140 g gemahlener Mohn
30 g Semmelbrösel
20 g glattes Mehl

Würfelig geschnittenes Toastbrot in Milch einweichen und ziehen lassen.

Für die Fülle Äpfel schälen, halbieren, grob raspeln und mit Zitronensaft beträufeln.

Butter mit Staubzucker, abgeriebener Zitronenschale, etwas Salz und Zimt schaumig rühren, Eidotter nach und nach unterrühren. Toastbrot gut ausdrücken und mit den Äpfeln in den Butterabtrieb rühren.

Eiklar zu steifem Schnee schlagen, abwechselnd mit Mohn, Bröseln und Mehl unterheben.

Strudelteig aufrollen und mit zerlassener Butter beträufeln.

Mit Fülle bestreichen, einrollen, in eine befettete Backform geben und ein weiteres Mal mit Butter beträufeln.

Bei 200 °C etwa 30 Minuten backen.

Mohngolatschen
aus Hefeteig

Hefe mit lauwarmer Milch, etwas Zucker und Mehl verrühren und zugedeckt an einem warmen Ort gehen lassen (Dampfl).

Mit den restlichen Zutaten zu einem Teig verarbeiten und wiederum eine Stunde gehen lassen.

Für die Fülle Zucker und Wasser aufkochen, Mohn und Rosinen dazugeben und kalt stellen.

Teig ausrollen, in Vierecke schneiden, füllen, Ecken bis zur Mitte einschlagen und nochmals kurz gehen lassen.

Auf ein gut befettetes Backblech geben, mit Ei bestreichen und bei 200 °C ca. 20 Minuten backen.

Nach dem Erkalten mit Staubzucker bestreuen.

400 g Mehl
3 Eidotter
1 Ei
etwas Salz
30 g Zucker
20 g Hefe
1/4 l lauwarme Milch

Fülle:
100 g Zucker
1/4 l Wasser
150 g gemahlener Mohn
Rosinen

Der gute Tipp:

Man kann die Ecken in der Mitte auch mit einer Zimtnelke fixieren.

Mohnlaibchen

500 g Mehl
etwas Salz
etwas Zitronenschale
100 g Zucker
1 Pkg. Vanillezucker
20 g Hefe
3/16 l lauwarme Milch
2 Eidotter
100 g Butter
1 Eidotter zum Bestreichen
Staubzucker zum Bestreuen

Fülle:
120 g Mohn
3/8 l Milch
40 g Zucker
Zimt
Zitronenschale
30 g Marmelade
20 g Schokolade

Hefe mit der Milch, etwas Zucker und Mehl gut verrühren und zugedeckt an einem warmen Ort gehen lassen (Dampfl).

Dampfl mit den restlichen Zutaten zu einem Teig verarbeiten und an einem warmen Ort weitergehen lassen.

Für die Fülle alle Zutaten vermischen, aufkochen lassen und kalt stellen.

Teig in kleinere Stücke schneiden, daraus Laibchen formen und auf einem Brett aufgehen lassen.

Jedes Laibchen ein wenig ausrollen und zur Hälfte mit Mohnfülle füllen. Die zweite Teighälfte darüberschlagen.

Auf ein befettetes oder mit Backpapier belegtes Blech legen und nochmals gehen lassen.

Mit Eidotter bestreichen und mit einem Messer einschneiden, damit der Mohn zu sehen ist.

Bei 200 °C ca. 20 Minuten backen.

Vor dem Servieren mit Staubzucker bestreuen.

Mohnbeugel

Hefeteig verarbeiten und an einem warmen Ort gehen lassen.

Teig in nussgroße Stücke teilen und diese kurz rasten lassen.

Für die Fülle alle Zutaten vermengen, mit der Milch aufkochen und dann auskühlen lassen.

Stücke zu Rechtecken ausrollen, Fülle auftragen, Teig um die Fülle zusammenschlagen.

Aus jedem Stück eine Rolle formen und mit der Naht nach unten in Kipferlform biegen.

Auf ein befettetes oder mit Backpapier ausgelegtes Backblech legen, mit Eidotter bestreichen und nochmals gehen lassen.

Bei 180 °C ca. 20 Minuten backen.

250 g Mehl

20 g Hefe

120 g Butter

2 Eidotter

30 g Zucker

Salz

Milch

1 Eidotter
zum Bestreichen

Fülle:

150 g gemahlener Mohn

40 g Semmelbrösel

30 g Zucker

1 TL Honig

1 TL Rum

Zimt

1/8 l Milch

Kuchen · Schnitten
Rouladen

Mandel-Mohnkuchen

mit Zitronenglasur

40 g Rohmarzipan
5 Eidotter
etwas Salz
1 Pkg. Vanillezucker
Bittermandelöl
180 g Zucker
100 g glattes Mehl
70 g gemahlener Mohn
90 g geriebene Mandeln
5 Eiklar
80 g zerlassene Butter
Marmelade zum Bestreichen

Zitronenglasur:
3–4 EL Zitronensaft
150 g Staubzucker

Marzipan in kleine Stücke schneiden und mit Eidotter, Salz, Vanillezucker und 2 Tropfen Bittermandelöl glatt rühren.

1/3 vom Zucker zugeben und die Masse schaumig rühren.

Mehl, Mohn und Mandeln mischen und die Eiklar mit dem restlichem Zucker zu Schnee schlagen.

Den Schnee abwechselnd mit der Mehlmischung und der zerlassenen Butter in die Marzipanmasse einrühren.

In einer befetteten Backform im vorgeheizten Rohr bei 180 °C 50–60 Minuten backen.

Die Marmelade erhitzen und glatt rühren, den Kuchen auf ein Gitter stürzen und rundum mit Marmelade bestreichen, danach auskühlen lassen.

Für die Zitronenglasur Zucker mit Zitronensaft verrühren und den Kuchen damit überziehen.

Mohn-Nuss-Kuchen

Butter, Eidotter, Zucker und Vanillezucker schaumig rühren, anschließend Rum, Mohn und Nüsse untermengen.

Eiklar zu Schnee schlagen, Mehl mit Backpulver vermischen und abwechselnd mit dem Schnee und der Milch unterheben.

Die Masse in eine befettete Kasten- oder Ringform geben und bei 180 °C ca. 45 Minuten backen.

200 g Butter
4 Eidotter
150 g Zucker
1 Pkg. Vanillezucker
100 g gemahlener Mohn
60 g geriebene Nüsse
3 EL Rum
4 Eiklar
250 g Mehl
1 Pkg. Backpulver
4 EL Milch

Der gute Tipp:

Man kann den Kuchen mit einer Glasur überziehen oder mit Zucker bestreuen. Besonders dekorativ ist es, wenn Sie eine Tortenspitze oder einfach ein Stück Papier, in das Sie ein Spitzenmuster geschnitten haben, als Schablone auf den Kuchen legen und mit Staubzucker bestreuen. Das Papier ist dann ganz behutsam zu entfernen.

Mohn-Früchte-Kuchen

mit Rumglasur

50 g geriebene Nüsse
50 g Aranzini
50 g kandierte Kirschen
3 EL Rum
1/4 l Schlagobers
2 EL Wasser
125 g gemahlener Mohn
3 Eidotter
125 g Zucker
3 Eiklar
125 g Mehl
25 g Stärkemehl
1 TL Backpulver
Marmelade zum Bestreichen

Rumglasur:
120 g Zucker
2–3 EL Rum

Nüsse, Aranzini und fein geschnittene Kirschen mit Rum übergießen und ziehen lassen.

Schlagobers mit Wasser aufkochen lassen, über den gemahlenen Mohn leeren, vermischen und ebenfalls ziehen lassen.

Eidotter mit Zucker schaumig rühren, dann Mohn, Nüsse, Aranzini und Kirschen unterrühren.

Eiklar zu Schnee schlagen und abwechselnd mit Mehl, Stärkemehl und Backpulver unterheben.

In einer befetteten Kastenform bei 180 °C ca. 45 Minuten backen.

Für die Glasur Zucker mit Rum glatt rühren.

Ausgekühlten Kuchen mit Marmelade bestreichen und mit der Glasur überziehen.

Der gute Tipp:

Zum Überziehen eignet sich natürlich auch eine Zitronenglasur.

Mohnkuchen
mit Streusel

150 g Butter
100 g Zucker
1 Pkg. Vanillezucker
3 Eidotter
ca. 0,2 l Milch
3 Eiklar
500 g Mehl
1 Pkg. Backpulver

Fülle:
1/2 l Milch
60 g Butter
120 g Grieß
250 g gemahlener Mohn
1 Ei
150 g Zucker
1 Pkg. Vanillezucker
etwas Zitronenschale

Streusel:
50 g Staubzucker
80 g Mehl
etwas Zimt
50 g Butter

Butter mit Zucker, Vanillezucker und Eidotter schaumig rühren.

Löffelweise Milch dazugeben.

Eiklar zu Schnee schlagen und abwechselnd mit dem mit Backpulver vermischten Mehl behutsam darunter ziehen.

Für die Fülle Milch mit Butter erhitzen und den Grieß einlaufen lassen.

Bei schwacher Hitze unter häufigem Rühren ca. 10 Minuten kochen, anschließend Mohn, Ei, Zucker, Vanillezucker und Zitronenschale einrühren.

Für die Streusel Mehl, Staubzucker und Zimt vermischen und mit flüssiger Butter grob abbröseln.

Den Teig auf ein befettetes Blech streichen, darüber die Mohnfülle verteilen und mit den Streuseln bestreuen.

Im vorgeheizten Rohr bei 180 °C ca. 45 Minuten backen.

Mohnkuchen

mit Nüssen

Butter, Staubzucker und Salz schaumig rühren, dann Eidotter, Zitronenschale und Vanillezucker unterrühren.

Eiklar mit Kristallzucker zu steifem Schnee schlagen und abwechselnd mit Mohn und Nüssen unterheben.

In einer befetteten Form bei 180 °C ca. 50 Minuten backen.

Vor dem Servieren mit Staubzucker bestreuen.

150 g Butter
50 g Staubzucker
etwas Salz
6 Eidotter
Zitronenschale
Vanillezucker
6 Eiklar
110 g Kristallzucker
200 g gemahlener Mohn
100 g geriebene Nüsse

Staubzucker
zum Bestreuen

Der gute Tipp:

Je nach Belieben kann man den Kuchen auch durchschneiden und mit Marmelade füllen.

Mohnkranzkuchen

aus Topfenteig

200 g Topfen
3 EL Milch
2 Eier
1/8 l Öl
80 g Zucker
etwas Salz
400 g Mehl
1 Pkg. Backpulver

Fülle:
200 g gemahlener Mohn
100 g Zucker
1 Pkg. Vanillezucker
1 EL Rum
etwas Milch

Topfen mit Milch, Eiern, Öl, Zucker und Salz verrühren.

1/3 des mit Backpulver vermischten Mehls nach und nach dazugeben.

Den Rest des Mehls einkneten.

Für die Fülle alle Zutaten vermischen und aufkochen. So viel Milch zugeben, dass eine cremige, streichfähige Masse entsteht.

Teig ausrollen, mit Fülle bestreichen und einrollen.

In eine befettete Ringform geben und bei 180 °C ca. 1 Stunde backen.

Der gute Tipp:

Man kann auch Dörrzwetschken fein hacken und unter die Mohnfülle mischen. Das schmeckt vorzüglich.

Mohnkuchen

mit Rumglasur

140 g Butter
160 g Zucker
6 Eidotter
140 g gemahlener Mohn
6 Eiklar
70 g geriebene Mandeln oder Dinkelmehl
1/2 Pkg. Backpulver
Marmelade zum Bestreichen

Rumglasur:
250 g Staubzucker
2 EL heißes Wasser
etwas Rum

Butter, Zucker und Eidotter schaumig rühren, anschließend den Mohn beifügen.

Eiklar zu Schnee schlagen und abwechselnd mit den mit Backpulver vermischten Mandeln oder dem Dinkelmehl unterheben.

In einer befetteten Kasten- oder Ringform bei 180 °C ca. 50 Minuten backen.

Für die Rumglasur die Zutaten vermischen und glatt rühren.

Den Kuchen erkalten lassen, mit Marmelade bestreichen und mit der Glasur überziehen.

Mohnkuchen
mit Zitronenglasur

Mohn und Milch vermengen und stehen lassen.

Das mit Backpulver vermischte Mehl in den aufgeweichten Mohn einrühren, Zucker, Vanillezucker und Zitronenschale beifügen und alles zu einem Rührteig verarbeiten.

In einer befetteten Kastenform bei 180 °C ca. 50 Minuten backen.

Für die Zitronenglasur die Zutaten vermischen und glatt rühren.

Den Kuchen auskühlen lassen und mit Zitronenglasur überziehen.

150 g gemahlener Mohn
1/8 l Milch
150 g Mehl
1/2 Pkg. Backpulver
150 g Zucker
1 Pkg. Vanillezucker
Zitroneschale

Zitronenglasur:
200 g Staubzucker
Saft von 1 Zitrone
1 EL kochendes Wasser

Der gute Tipp:

Je nach Belieben kann man den Kuchen vorher mit Marmelade bestreichen.

Rosenkuchen

350 g Mehl
20 g Hefe
50 g Butter
80 g Zucker
2 Eidotter, Salz
1/4 l Milch
Zitronenschale
Rum

Fülle:
300 g Mohn
etwas Milch
1 EL Honig
Rum
100 g Zucker
Zimt

Aus den Zutaten einen mittelfesten Hefeteig bereiten und an einem warmen Ort gehen lassen.

Für die Fülle alle Zutaten vermischen und mit so viel Milch kurz aufkochen, dass eine cremige, streichfähige Masse entsteht. Die Fülle anschließend auskühlen lassen.

Teig 1 cm dick ausrollen und mit einem Teil davon den Boden einer befetteten Tortenform auslegen.

Den Rest des Teiges mit der Fülle bestreichen, einrollen und in 2 cm breite Stücke schneiden.

Diese dicht nebeneinander stehend, mit der Schnittfläche nach oben, in die Tortenform stellen. Nochmals gehen lassen.

Bei 180 °C ca. 45 Minuten backen.

Mohn-Vanille-Kuchen

150 g Butter
150 g Zucker
4 Eidotter
1 Pkg. Vanillezucker
Rum
1 Pkg. Vanillepudding
etwas Zimt
3 EL Milch
4 Eiklar
50 g Mehl
1 TL Backpulver
150 g gemahlener Mohn

Butter, Zucker und Eidotter schaumig rühren, dann Vanillezucker, Rum, Puddingpulver, Zimt und Milch dazugeben.

Eiklar zu festem Schnee schlagen und diesen abwechselnd mit dem mit Backpulver vermischten Mehl und dem Mohn unterheben.

In einer befetteten Kasten- oder Ringform bei 180 °C ca. 50 Minuten backen.

Der gute Tipp:

Diesen Kuchen kann man nach Belieben mit Zitronen-, Rum- oder Schokoladeglasur überziehen.

Apfel-Mohn-Schnitten

Die Eidotter mit Honig schaumig rühren, dann grob geriebene Äpfel, Mohn, Nüsse und Vanillezucker einheben.

Eiklar zu festem Schnee schlagen und abwechselnd mit dem Mehl unterziehen.

Auf ein befettetes oder mit Backpapier belegtes Blech streichen und mit Mandelblättchen bestreuen.

Bei 180 °C ca. 20–25 Minuten backen.

Nach dem Erkalten in Schnitten schneiden und vor dem Servieren eventuell mit Zimt und Zucker bestreuen

4 Eidotter

200 g Honig

200 g Äpfel

100 g gemahlener Mohn

100 g geriebene Haselnüsse

1 Pkg. Vanillezucker

4 Eiklar

50 g Mehl

100 g blättrig geschnittene Mandeln

Mohnschnitten
mit Äpfeln

370 g Mehl
150 g Zucker
320 g Butter
Schale von 1 Zitrone
etwas Salz
Eiklar zum Bestreichen

Fülle:
1/2 l Milch
100 g Rosinen
600 g gemahlener Mohn
300 g Zucker
300 g Powidl
Schale von 1 Zitrone
2 Pkg. Vanillezucker
Zimt
1/16 l Rum
5 kleine, säuerliche Äpfel
Saft von 1 Zitrone
4 EL Zucker
1 Pkg. Vanillezucker

Aus Mehl, Zucker, Butter, Zitronenschale und Salz einen Mürbteig kneten und 1/2 Stunde rasten lassen.

Für die Fülle Milch aufkochen. Restliche Zutaten beimengen und aufkochen.

Die Äpfel halbieren und Gehäuse entfernen. Mit Zitronensaft, Zucker und Vanillezucker etwa 15 Minuten marinieren.

Zwei Drittel des Mürbteiges ausrollen und den Boden einer viereckigen Back- oder Auflaufform damit auslegen. Mehrmals einstechen und bei 180 °C ca. 10 Minuten backen.

Ein Drittel der Mohnfülle auf den ausgekühlten Kuchenboden streichen, dann die Apfelhälften dicht nebeneinander auf die Mohnmasse legen, restliche Mohnmasse darüber verteilen und glatt streichen.

Aus dem restlichen Mürbteig lange Rollen formen und in Gitterform auf die Mohnmasse legen.

Mürbteiggitter mit Eiklar bestreichen und bei 170 °C ca. 30 Minuten backen.

Mohn-Obers-Schnitten

180 g Butter
180 g Zucker
6 Eidotter
6 Eiklar
1/2 Pkg. Backpulver
180 g gemahlener Mohn
180 g geriebene Nüsse

1/4 l Schlagobers
zum Verzieren

Butter, Zucker und Eidotter schaumig rühren.

Eiklar zu Schnee schlagen und diesen abwechselnd mit dem mit Backpulver vermischten Mohn und den Nüssen einheben.

Auf ein befettetes oder mit Backpapier belegtes Backblech streichen und bei 200 °C ca. 30 Minuten backen.

Schlagobers steif schlagen, in einen Spritzsack füllen und beliebig auf die Schnitten dressieren.

Mohnschnitten

200 g Mehl
1 TL Backpulver
150 g Butter
etwas Salz
1 Pkg. Vanillezucker
200 g Topfen
1 Ei zum Bestreichen
60 g Staubzucker
1/16 l Wasser

Fülle:
150 g gemahlener Mohn
100 g Zucker
1 Pkg. Vanillezucker
Zitronenschale
50 g Rosinen
5 EL heiße Milch

Mehl mit Backpulver vermischen. Mit Butter, Salz, Vanillezucker und Topfen zu einem glatten Teig verkneten.

Den Teig ruhen lassen, anschließend ausrollen und in drei Teile teilen.

Für die Fülle alle Zutaten mischen und verrühren.

Ein Drittel in eine befettete Backform oder auf ein mit Backpapier belegtes Backblech geben und mit der Fülle bestreichen.

Die anderen zwei Teile in 2 cm breite Streifen schneiden und gitterartig über die Fülle legen.

Mit Ei bestreichen und bei 180 °C ca. 45 Minuten backen.

Staubzucker mit Wasser aufkochen und damit das noch heiße Gebäck bepinseln.

Mohn-Topfen-Schnitten

4 Eidotter
250 g Zucker
1/8 l Wasser
1/8 l Öl
4 Eiklar
100 g gemahlener Mohn
200 g Mehl
1/2 Pkg. Backpulver

Topfenmasse:
100 g Butter
150 g Zucker
500 g Topfen
4 Eidotter
1 Pkg. Vanillezucker
1 Pkg. Vanillepudding
4 Eiklar
etwas Rum

Eidotter, Zucker, Wasser und Öl schaumig rühren.

Eiklar zu Schnee schlagen und abwechselnd mit dem Mohn und mit dem mit Backpulver vermischten Mehl vorsichtig unterheben.

Die Masse auf ein befettetes oder mit Backpapier belegtes Backblech streichen.

Für die Topfenmasse Butter, Zucker, Vanillezucker und Eidotter schaumig rühren, dann Topfen, Puddingpulver und Rum dazugeben.

Eiklar zu festem Schnee schlagen und vorsichtig unterheben.

Die Topfenmasse in einen Spritzsack geben und in Gitterform auf den Mohnteig spritzen.

Im vorgeheizten Rohr bei 200 °C ca. 50 Minuten backen.

Der gute Tipp:

Man kann die Topfenmasse natürlich in jeder beliebigen Form aufspritzen, z. B. in Streifen.

Mohngugelhupf
mit Schokoladeglasur

150 g Butter
150 g Zucker
1 Pkg. Vanillezucker
6 Eidotter
1 EL Rum, etwas Zimt
Zitronensaft
6 Eiklar
50 g Mehl
1 TL Backpulver
200 g gemahlener Mohn
50 g geriebene Nüsse
Marmelade zum Bestreichen

Schokoladeglasur:
150 g Schokolade
1 TL Öl
250 g Staubzucker
1/8 l Wasser

Butter, Zucker, Vanillezucker und Eidotter schaumig rühren.

Rum, Zimt und Zitronensaft beimengen.

Eiklar zu Schnee schlagen. Mehl, Backpulver, Mohn und Nüsse vermischen und abwechselnd mit dem Schnee unterheben.

In eine befettete Gugelhupfform füllen und bei 180 °C ca. eine Stunde backen.

Für die Glasur die Schokolade mit dem Öl erwärmen.

Zucker mit Wasser erhitzen und abkühlen. Nach und nach zur Schokolade rühren, sodass eine glatte Masse entsteht.

Den Gugelhupf auskühlen lassen, mit erwärmter Marmelade bestreichen und mit der Schokoladeglasur überziehen.

Der gute Tipp:

Als Dekoration kann man noch gehackte Pistazien über den Gugelhupf streuen.

Mohngugelhupf

aus Hefeteig

Aus den Zutaten für den Teig einen mittelfesten Hefeteig bereiten und an einem warmen Ort gehen lassen.

Für die Fülle den Mohn mit allen anderen Zutaten vermischen und kurz aufkochen.

Teig ausrollen, mit zerlassener Butter beträufeln und mit der Mohnfülle bestreichen.

Einrollen und in eine befettete Gugelhupfform einlegen.

Nochmals aufgehen lassen und bei 200 °C ca. 50 Minuten backen.

350 g Mehl

20 g Hefe

1/4 l Milch

60 g Butter

80 g Zucker

2 Eidotter, Rum

Zitronenschale

Salz

etwas Butter
zum Beträufeln

Fülle:

150 g gemahlener Mohn

1/4 l Milch

1 EL Honig

70 g Zucker

Zitronenschale

Zimt

Mohn-Rehrücken

7 Eiklar
150 g Butter
150 g Zucker
100 g gemahlener Mohn
150 g Mehl
1/2 Pkg. Backpulver
100 g geriebene Schokolade
50 g Aranzini

Schokoladeglasur:
150 g Schokolade
1 TL Öl
250 g Staubzucker
1/8 l Wasser

Eiklar zu sehr steifem Schnee schlagen.

Butter zerlassen und abkühlen.

Löffelweise Zucker, Mohn, das mit Backpulver vermischte Mehl und die Butter dem Schnee beifügen.

Zuletzt die geriebene Schokolade und Aranzini unter die Masse heben.

In einer befetteten Rehrücken- oder Kastenform bei 180 °C ca. 45 Minuten backen.

Für die Glasur die Schokolade mit dem Öl erwärmen.

Zucker mit Wasser erhitzen und abkühlen. Nach und nach zur Schokolade rühren, sodass eine glatte Masse entsteht.

Der gute Tipp:

Man kann vor dem Glasieren den Kuchen auch mit erwärmter Marmelade bestreichen, zum Schluss mit Aranzini oder mit gehackten Pistazien bestreuen oder ganz klassisch mit Mandelsplittern spicken.

Mohnroulade

mit Powidlfüllung

10 Eidotter
20 g Zucker
1 Pkg. Vanillezucker
Zitronenschale
etwas Salz
7 Eiklar
100 g Zucker
40 g gemahlener Mohn
100 g Mehl

Fülle:
300 g Powidl
etwas Rum
Staubzucker zum Bestreuen

Eidotter, 20 g Zucker, Vanillezucker, Zitronenschale und Salz schaumig rühren.

Eiklar mit 100 g Zucker zu steifem Schnee schlagen, diesen abwechselnd mit Mohn und Mehl unter die Masse heben.

Backblech mit Backpapier auslegen, mit der Masse bestreichen und bei 200 °C ca. 15 Minuten backen.

Für die Fülle Powidl mit Rum glatt rühren.

Roulade mit dieser Fülle bestreichen und einrollen.

Mit Staubzucker bestreuen, in Stücke schneiden und servieren.

Mohn-Nuss-Roulade

Butter und Staubzucker schaumig rühren. Nach und nach die Eidotter beigeben.

Eiklar zu einem festen Schnee schlagen und abwechselnd mit Nüssen, Mohn und Zitronat unter die Masse heben.

Auf ein mit Backpapier belegtes Blech aufstreichen und bei 200 °C ca. 15 Minuten backen.

Für die Fülle Schlagobers aufkochen.

Unter ständigem Rühren Schokolade zufügen und anschließend auskühlen lassen.

Diese Creme dann so lange rühren, bis sie schön schaumig ist.

Roulade mit Ribiselmarmelade bestreichen.

Die Hälfte der Creme auftragen, mit Weichseln belegen, einrollen und kalt stellen.

Außen mit der restlichen Creme bestreichen und mit Walnusshälften verzieren.

90 g Butter
90 g Staubzucker
3 Eidotter
3 Eiklar
90 g geriebene Walnüsse
90 g gemahlener Mohn
20 g gehacktes Zitronat
80 g Cognacweichseln
100 g Ribiselmarmelade
Walnüsse

Fülle:
1/4 l Schlagobers
200 g Schokolade

Torten

Mohn-Apfel-Torte

4 Eidotter
200 g Zucker
4 Eiklar
100 g gemahlener Mohn
100 g geriebene Nüsse
3 große Äpfel
1/2 Pkg. Backpulver

1/4 l Schlagobers
zum Verzieren

Eidotter und Zucker schaumig rühren.

Eiklar zu festem Schnee schlagen.

Den Schnee abwechselnd mit Mohn, Nüssen und den gewürfelten Äpfeln unter die Masse heben.

In einer befetteten Tortenform bei 180 °C ca. 50 Minuten backen und dann auskühlen lassen.

Vor dem Servieren mit Schlagobers verzieren.

Mohn-Obers-Torte

mit kandierten Kirschen

Butter mit Zucker, Vanillezucker, Zimt, Rum, Zitronensaft und den Eidottern schaumig rühren.

Eiklar zu Schnee schlagen und abwechselnd mit Mandeln, Mohn, Mehl und Schokolade unter die Tortenmasse heben.

In einer befetteten Tortenform bei 190 °C ca. 50 Minuten backen und dann auskühlen lassen.

Torte an der Oberfläche mit Rum beträufeln und mit Ribiselmarmelade rundum bestreichen.

Mit einem Teil des Schlagobers bestreichen und mit Schokospänen bestreuen.

Mit dem Spritzsack Rosetten aus dem restlichen Schlagobers aufspritzen und die kandierten Kirschen darauf setzen.

70 g Butter

140 g Zucker

1 Pkg. Vanillezucker

etwas Zimt

etwas Rum

Zitronensaft

5 Eidotter

5 Eiklar

80 g geriebene Mandeln

100 g gemahlener Mohn

2 EL Mehl

60 g geriebene Schokolade

2 EL Rum

Ribiselmarmelade

1/4 l Schlagobers

Schokospäne zum Bestreuen

kandierte Kirschen

Mohn-Marzipan-Torte

mit Zitronenglasur

220 g Butter
220 g Zucker
8 Eidotter
50 g Marzipan
8 Eiklar
220 g gemahlener Mohn
220 g geriebene Nüsse
100 g Zitronat
Ribiselmarmelade zum Bestreichen

Zitronenglasur:
150 g Staubzucker
Saft von 1 Zitrone
etwas kochende Milch

Butter, Zucker und Eidotter schaumig rühren.

Marzipan klein schneiden und einrühren.

Eiklar zu Schnee schlagen und abwechselnd mit dem Mohn, den Nüssen und dem gewürfelten Zitronat unterheben.

In einer befetteten Tortenform bei 180 °C ca. 50 Minuten backen und dann auskühlen lassen.

Mit Ribiselmarmelade bestreichen.

Für die Glasur Staubzucker mit Zitronensaft beträufeln.

Anschließend kochende Milch zugeben und glatt rühren.

Mit dieser Zitronenglasur die Torte überziehen.

Der gute Tipp:

Zum Verzieren kann man dünn geschnittene Zitronenscheiben verwenden.

Mohntorte

mit Dörrzwetschken

150 g Butter
200 g Zucker
6 Eidotter
1 Pkg. Vanillezucker
etwas Rum
Zitronensaft
6 Eiklar
200 g gemahlener Mohn
50 g geriebene Nüsse
50 g Mehl
etwas Zimt
1 Pkg. Backpulver
Marmelade zum Bestreichen
150 g Dörrzwetschken zum Verzieren

Schokoladeglasur:
80 g Zucker
80 g Schokolade
1/8 l Wasser
10 g Butter

Butter und Zucker schaumig rühren.

Eidotter, Vanillezucker, Rum und Zitronensaft dazugeben.

Eiklar zu Schnee schlagen. Mohn, Nüsse, Mehl, Zimt und Backpulver vermischen und abwechselnd mit dem Schnee unter die Dottermasse heben.

In einer befetteten Form bei 180 °C ca. 50 Minuten backen.

Erkalten lassen und danach rundum mit Marmelade bestreichen.

Für die Glasur Zucker, Schokolade, Wasser und Butter vermischen und unter ständigem Rühren erhitzen.

Die Torte mit dieser Schokoladeglasur überziehen.

Mit Dörrzwetschken, die zur Hälfte in die restliche Schokoladeglasur getunkt werden, verzieren.

Mohn-Joghurt-Torte

Zucker, Vanillezucker und Eidotter schaumig rühren.

Joghurt und Mohn beimengen.

Eiklar zu Schnee schlagen und abwechselnd mit dem mit Backpulver vermischten Mehl unterheben.

In einer befetteten Tortenform bei 170 °C ca. 45 Minuten backen und dann auskühlen lassen.

Nach Belieben überzuckern oder glasieren.

1 Becher Zucker

1 Pkg. Vanillezucker

2 Eidotter

1 Becher Joghurt

1 Becher
gemahlener Mohn

2 Eiklar

1 Becher Mehl

1/2 Pkg. Backpulver

Staubzucker
zum Bestreuen

Glasur nach Belieben

Der gute Tipp:

Je nach Belieben können Sie die Torte mit Rum-, Zitronen- oder Schokoladeglasur überziehen.

Mohn-Topfen-Torte

mit Himbeergelee

100 g Butter
120 g Zucker
1 Pkg. Vanillezucker
Zimt
Salz
4 Eidotter
4 Eiklar
150 g gemahlener Mohn
70 g geriebene Nüsse

Topfencreme:
250 g Topfen
100 g Zucker
Zitronensaft
Zitronenschale
Vanillezucker
Salz
1/2 l Schlagobers
8 Blatt Gelatine

Himbeergelee:
300 g Himbeeren
1 TL Staubzucker
3 Blatt Gelatine
Himbeeren und Schlagobers zum Verzieren

Butter, Zucker, Vanillezucker, Zimt und Salz schaumig rühren. Eidotter nach und nach einrühren.

Eiklar zu Schnee schlagen. Mohn und Nüsse vermengen und abwechselnd mit dem Schnee unter die Dottermasse heben.

In einer befetteten Form bei 180 °C ca. 50 Minuten backen.

Für die Topfencreme Gelatine in kaltem Wasser einweichen, ausdrücken und über Wasserdampf auflösen.

Topfen, Zucker, Vanillezucker, Salz, Zitronensaft und Zitronenschale glatt rühren. Ein Drittel des geschlagenen Obers unter diese Topfenmasse rühren. Die aufgelöste Gelatine rasch dazugeben und das restliche Obers vorsichtig unterheben.

Erkalteten Tortenboden in der Tortenform lassen und Creme aufstreichen. Im Kühlschrank 2–3 Stunden fest werden lassen.

Für das Himbeergelee Gelatine einweichen, ausdrücken und über Wasserdampf auflösen.

Himbeeren pürieren und mit Staubzucker vermischen. Ausgedrückte Gelatine rasch in die Himbeermasse rühren und diese auf der Torte gleichmäßig verteilen.

Die Torte kalt stellen, danach den Tortenring lösen.

Anschließend die Torte mit Schlagobers und Himbeeren verzieren.

Mohn-Nuss-Torte

mit Schokoladeglasur

100 g Zucker
1 Pkg. Vanillezucker
100 g Butter
3 Eidotter
50 g Schokolade
Saft und Schale von 1 Zitrone
2 EL Rum
3 Eiklar
1/2 Pkg. Backpulver
100 g gemahlener Mohn
100 g geriebene Nüsse
Marmelade zum Füllen und Bestreichen
Nüsse zum Verzieren

Schokoladeglasur:
100 g Schokolade
80 g Butter

Zucker, Vanillezucker, Butter und Eidotter schaumig rühren.

Geriebene Schokolade, Zitrone und Rum dazugeben.

Eiklar zu Schnee schlagen. Mohn und Nüsse mit Backpulver vermischen und abwechselnd mit dem Schnee unter die Dottermasse heben.

In einer befetteten Tortenform bei 180 °C ca. 50 Minuten backen.

Erkaltete Torte mit Marmelade füllen und rundum bestreichen.

Für die Glasur Schokolade mit der Butter zergehen lassen und glatt rühren.

Mohn-Vanille-Torte
mit Schokoladeglasur

160 g Butter

120 g Zucker

1 Pkg. Vanillezucker

6 Eidotter

80 g Mehl

1/2 Pkg. Backpulver

1 Pkg. Puddingpulver mit Vanillegeschmack

6 Eiklar

160 g gemahlener Mohn

30 g geriebene Schokolade

Ribiselmarmelade zum Bestreichen

Schokoladeglasur:

150 g Schokolade

1 TL Öl

250 g Staubzucker

1/8 l Wasser

Butter, Zucker und Vanillezucker schaumig rühren, nach und nach die Eidotter dazugeben.

Mehl mit Backpulver und Puddingpulver vermischen und abwechselnd mit dem Mohn, der Schokolade und dem steif geschlagenen Eischnee unterziehen.

In einer befetteten Form bei 190 °C ca. 45 Minuten backen, dann erkalten lassen.

Mit erwärmter Ribiselmarmelade bestreichen.

Für die Glasur Schokolade mit dem Öl erwärmen.

Zucker mit Wasser erhitzen und abkühlen. Nach und nach zur Schokolade rühren, sodass eine glatte Masse entsteht.

Die Torte mit dieser Schokoladeglasur überziehen.

Mohn-Topfen-Bombe

6 Eidotter
150 g Zucker
Zitronenschale von einer Zitrone
6 Eiklar
60 g gemahlener Mohn
90 g Mehl
Ribiselmarmelade zum Bestreichen

Topfencreme:
500 g Topfen
100 g Zucker
1 Pkg. Vanillezucker
Saft und Schale von 1 Zitrone
Salz
1/4 l Schlagobers
6 Blatt Gelatine
etwas Rum

Eidotter mit Zucker und Zitronenschale schaumig rühren.

Eiklar zu Schnee schlagen und abwechselnd mit Mohn und Mehl unter die Dottermasse heben.

Auf ein mit Backpapier ausgelegtes Backblech streichen und bei 175 °C ca. 20 Minuten backen.

Anschließend mit Ribiselmarmelade bestreichen und einrollen, dann auskühlen lassen.

Für die Creme Topfen, Zucker, Vanillezucker, Zitronensaft, Zitronenschale und Salz cremig rühren.

Geschlagenes Obers vorsichtig unterrühren.

Gelatine kalt einweichen, ausdrücken, im erwärmten Rum auflösen und unter die Topfenmasse rühren.

Die Roulade in ca. 20 gleichmäßige Stücke schneiden, mit den Rouladestücken eine Schüssel auslegen und mit der Topfencreme auffüllen.

Mit den restlichen Rouladestücken bedecken.

Kalt stellen und zum Servieren aus der Schüssel stürzen.

Mohntorte

nach Großmutters Art

100 g Butter
200 g Zucker
8 Eidotter
Zitronenschale
300 g gemahlener Mohn
1/4 l Milch
120 g Biskuitbrösel
50 g Schokolade
etwas Zimt
etwas Rum
1/2 Pkg. Backpulver
8 Eiklar
Marillenmarmelade zum Bestreichen

Schokoladeglasur:
100 g Schokolade
80 g Butter

Butter, Zucker, Eidotter und Zitronenschale schaumig rühren.

Mohn mit Milch aufkochen und die Biskuitbrösel dazurühren.

Schokolade, Zimt, Backpulver und Rum vorsichtig in die Dottermasse einrühren.

Eiklar zu Schnee schlagen und abwechselnd mit der Mohnmasse unter die Dottermasse rühren.

In einer befetteten Tortenform bei 180 °C ca. 45 Minuten backen.

Ausgekühlte Torte mit Rum beträufeln und mit Marillenmarmelade bestreichen.

Für die Glasur Schokolade und Butter zergehen lassen und glatt rühren.

Die Torte mit dieser Schokoladeglasur überziehen.

Mohntorte

mit Rumglasur

Eidotter mit Zucker, Öl, Wasser, Vanillezucker und Zitronenschale sehr schaumig rühren.

Anschließend Mohn, Salz und Rum unterrühren.

Mehl, Stärkemehl und Backpulver vermengen.

Wechselweise mit dem steif geschlagenen Eischnee unter die Masse heben.

In einer befetteten Tortenform bei 170 °C ca. 50 Minuten backen.

Für die Glasur Zucker mit Rum vermengen und glatt rühren.

Torte mit Marmelade bestreichen und mit der Rumglasur überziehen.

5 Eidotter

250 g Zucker

1/8 l Öl

1/8 l Wasser

1 Pkg. Vanillezucker

Zitronenschale

160 g gemahlener Mohn

etwas Salz

3 EL Rum

100 g Mehl

80 g Stärkemehl

1/2 Pkg. Backpulver

5 Eiklar

Marmelade
zum Bestreichen

Rumglasur:

120 g Zucker

2–3 EL Rum

Kekse · Kugeln · Stangerln

Mohnkipferln

300 g Mehl, 200 g Butter
100 g Zucker
100 g gemahlener Mohn
etwas Schlagobers
etwas Rum

Vanille-Staubzucker-Mischung

Aus den Zutaten einen Mürbteig bereiten.

Kleine Kipferln formen.

Auf einem mit Backpapier belegten Backblech ca. 8–10 Minuten backen.

Noch heiß in der Vanille-Staubzucker-Mischung wälzen.

Mohnkekse

130 g Mehl
70 g Butter
60 g Staubzucker
1 Eidotter

Fülle:
1 Eiklar
40 g Staubzucker
80 g gemahlener Mohn
Schale von 1/2 Zitrone

Zutaten zu glattem Mürbteig verarbeiten und anschließend ca. eine Stunde kalt stellen.

Für die Fülle Eiklar zu Schnee schlagen, Staubzucker einrieseln lassen, Mohn und abgeriebene Zitronenschale untermischen.

Den Teig ausrollen, runde Formen ausstechen, in die Mitte jeder Teigscheibe so viel Fülle setzen, dass noch ein Rand von 1/2 cm bleibt. Teigscheiben von zwei Seiten zur Mitte hin eindrücken.

Auf einem Backblech bei 180 °C ca. 15 Minuten backen.

Mohn-Kokos-Törtchen

Aus den Zutaten einen Mürbteig bereiten, ca. 3 mm dick ausrollen und Scheiben von 6 cm Durchmesser ausstechen.

Auf ein Blech geben und leicht überbacken.

Für die Fülle Milch erhitzen und restliche Zutaten einmengen.

Für die Kokosmasse alle Zutaten vermengen, erhitzen, anschließend das Mehl einrühren und auskühlen lassen.

Kokosmasse auf die Mürbteigscheiben ringförmig mit einem Dressiersack aufspritzen, eine Dörrzwetschke in die Mitte legen und mit Mohnfülle ausfüllen.

Törtchen auf einem Backblech bei 180 °C ca. 15 Minuten backen.

100 g Zucker
200 g Butter
Zitronenschale
300 g Mehl
2 Eidotter
Vanillezucker

Fülle:
3/16 l Milch
Biskuitbrösel
200 g gemahlener Mohn
150 g Zucker
Zimt, Kakao, Rum
zerkleinerte Dörrzwetschken

Kokosmasse:
6 Eiklar
240 g Zucker
100 g Kokosraspeln
1 TL Honig
Zitronenschale
90 g Mehl

Der gute Tipp:

Noch besser schmeckt's, wenn man die Dörrzwetschken am Vortag in Rum einlegt.

Mohnkugeln

1/4 l Schlagobers
100 g Staubzucker
etwas Zimt
120 g gemahlener Mohn
160 g geriebene Nüsse
15–20 Dörrzwetschken
Rum
Brösel

Schokoladeglasur
Papierförmchen

Dörrzwetschken am Vortag in Rum einweichen.

Schlagobers mit Staubzucker und Zimt aufkochen, Nüsse und Mohn dazugeben und kalt stellen.

Die eingeweichten Dörrzwetschken fein hacken und unter die Mohn-Nuss-Masse mischen. Nach Bedarf etwas Brösel dazugeben.

Kleine Kugeln formen und diese für 20 Minuten ins Gefrierfach geben.

Mit Schokoladeglasur überziehen, in Papierförmchen setzen und kühl aufbewahren.

Mohnparfait

2 Eidotter
6 EL Zucker
1/4 l Schlagobers
60 g gemahlener Mohn

Fruchtmark

Die Eidotter mit dem Zucker im Wasserbad aufschlagen und kalt stellen.

Geschlagenes Obers und den Mohn unterheben.

Eine Kastenform mit Folie auslegen, Masse einfüllen und für 3–4 Stunden ins Gefrierfach geben.

In Scheiben schneiden und mit Fruchtmark nach Wahl servieren.

Blätterteig-Mohn-Stangerln

1 Pkg. Blätterteig
2 Eidotter
2 Eiklar
50 g Zucker
1 Pkg. Vanillezucker
Schale von 1/2 Zitrone
etwas Salz
etwas Zimt
100 g gemahlener Mohn

Staubzucker
zum Überzuckern

Eiklar zu steifem Schnee schlagen und Zucker und Vanillezucker einrühren.

Zitronenschale, Salz, Zimt und Mohn unterheben.

Blätterteig ausrollen und mit verquirltem Eidotter bestreichen.

Hälfte des Teiges mit Mohnmasse bestreichen und die zweite Teighälfte darüber klappen.

Teig in 1,5 cm breite Streifen schneiden.

Teigstreifen nochmals mit Eidotter bestreichen und zu Spiralen drehen.

Auf ein Backblech legen und bei 200 °C ca. 20 Minuten backen.

Überkühlen lassen und vor dem Servieren mit Staubzucker bestreuen.

Mohn-Kümmel-Gebäck

250 g Butter
250 g Topfen
250 g Mehl
etwas Salz

1 Ei zum Bestreichen
50 g Mohn
1 EL Kümmel
grobkörniges Salz

Butter, Topfen, Mehl und Salz auf einem Brett rasch zu einem Teig verarbeiten und über Nacht rasten lassen.

Den Teig 3 mm dick ausrollen.

Je nach Belieben mit einem Teigrad Stangerln schneiden oder andere Formen ausstechen.

Mit Ei bestreichen und mit Mohn, Kümmel und grobkörnigem Salz bestreuen.

Auf ein mit Backpapier belegtes Backblech legen und bei 180 °C ca. 10 Minuten backen.

Der gute Tipp:

Dieses Knabbergebäck passt ausgezeichnet zu Bier und Wein.

Mohn-Käse-Ecken

200 g Mehl
150 g Butter
100 g geriebener Käse
1 Ei, etwas Salz

Ei zum Bestreichen
Mohn, Sesam, Kümmel zum Bestreuen

Aus Mehl, Butter, Käse, Ei und Salz einen Teig kneten und diesen ca. 2 Stunden an einem kühlen Ort rasten lassen.

Den Teig ca. 3 mm dick ausrollen und in kleine Dreiecke schneiden.

Anschließend mit Ei bestreichen und mit Mohn, Sesam oder Kümmel bestreuen.

Auf einem Backblech bei 180 °C ca. 10–15 Minuten backen.

Der gute Tipp:

Besonders gut schmecken die Kekse auch, wenn man sie mit Frischkäse bestreicht und jeweils zwei zusammensetzt.

Mohn-Käse-Gebäck

aus Blätterteig

1 Pkg. Blätterteig
100 g geriebener Käse

Ei zum Bestreichen
Mohn zum Bestreuen

Blätterteig aufrollen.

Eine Hälfte mit geriebenem Käse bestreuen und die zweite Hälfte darüberklappen.

Den Teig leicht ausrollen und in Streifen schneiden.

Mit Ei bestreichen und dicht mit Mohn bestreuen.

Auf einem Backblech bei 200 °C ca. 15 Minuten goldbraun backen.

Der gute Tipp:

Zum Bestreuen von Gebäck wird vorwiegend der blaue Mohn verwendet. Er ist im Geschmack intensiver und schärfer als der Graumohn.